Steffi Bodmer

Wilde Leben war nie als Kampf gedacht

SPHINX

Stuart Wilde
Leben war nie als Kampf gedacht
– mehr wie ein Wandern durch ein sonniges Tal von einem Punkt zum nächsten

Aus dem Amerikanischen von
Helmut Degner

Die Originalausgabe erschien unter dem Titel
Life was never meant to be a struggle
bei White Dove International, Taos,
New Mexico.
© Stuart Wilde 1987

Die Deutsche Bibliothek –
CIP Einheitsaufnahme
Wilde, Stuart:
Leben war nie als Kampf gedacht:
mehr wie ein Wandern durch ein sonniges Tal, von einem Punkt zum
nächsten/Stuart Wilde. Aus dem Amerikan. von Helmut Degner. –
München: Hugendubel, 1996
(Sphinx)
Einheitsacht.: Life was never meant to be
a struggle <dt.>
ISBN 3-89631-151-4

1. Auflage im Heinrich Hugendubel Verlag 1996
Die ersten vier Auflagen erschienen im
Undine Verlag, München, und im Sphinx Verlag, Basel.
© der deutschen Ausgabe Heinrich Hugendubel Verlag,
München 1996
Alle Rechte vorbehalten

Lektorat: Barbara Imgrund, München
Umschlaggestaltung: Zembsch' Werkstatt, München
Produktion: Tillmann Roeder, München
Satz: Design-Typo-Print, Ismaning
Druck und Bindung: Huber, Dießen
Printed in Germany

ISBN 3-89631-151-4

Inhalt

1 Des Kämpfers Ruhmeshalle 7
2 Kampf erkennen 15
3 Des Kämpfers Hitparade 27
4 Aufhören mit dem Kämpfen 43
5 Zum Abschluß 53

1
Des Kämpfers Ruhmeshalle

Wissen Sie noch, wie man Ihnen als Kind immer gesagt hat, daß man hart arbeiten muß, wenn man es im Leben zu etwas bringen will? Daß das Leben Mühe und Kampf bedeutet, daß man sich Liebe und Anerkennung verdienen muß und daß es Sie unglaubliche Anstrengung kosten wird, sich durchzusetzen? Ich kann mich gut erinnern, daß meine Mutter zu mir sagte: »Kampf adelt die Seele.«

Wer sagt eigentlich, daß das wahr ist? Schauen Sie sich um in der Natur. Sie verwendet eine gewisse Mühe darauf, alles in Gang zu halten, aber sie kämpft nicht. Sagt der Tiger morgens beim Aufstehen: »Ich werde heute wie verrückt kämpfen, und dann werde ich hoffentlich mittags was zu essen haben?« Bestimmt nicht. Er steht einfach auf, beschnuppert ein bißchen seine Achselhöhlen oder was Tiger sonst zur Frühstückszeit tun und zieht los. Mittags läuft ihm dann sein Essen über den Weg, gesandt von der Vorsehung. Okay, die letzten dreißig Meter muß er ein bißchen rennen. Aber als Kampf kann man das wohl kaum bezeichnen. Auch Sie müssen vielleicht durch die halbe Stadt fahren, um einen Scheck abzuholen. Doch es ist ein großer Unterschied zwischen Kampf und Anstrengung. Die Bedingungen, unter denen wir als Menschen leben, erfordern Anstrengung, aber Kampf ist Anstrengung verbunden mit Aufregung und Verzweiflung.

Bedenken Sie folgendes: Wenn Sie die volle Verantwortung für Ihr Leben übernehmen, dann erkennen Sie an, daß Ihr Schicksal durch Sie gestaltet wird und daß Ihr Leben grundsätzlich ein Symbol Ihrer innersten Gefühle und Gedanken ist – eine Vorstellung Ihrer selbst.

Wenn Sie im Lauf von Jahren Ihrem Unterbewußtsein ein paar hunderttausend Gedanken eingeprägt haben, die besagen: »Das Leben ist ein Kampf«, dann projizieren Ihre innersten Gefühle das natürlich nach außen. Auch wenn Sie sich dieses Aspekts Ihres inneren Wesens nicht bewußt sind, ist tief in Ihrem Innern dieser Gedanke, und er taucht ständig in Ihrem Leben auf.

Immer, wenn ein Vorhaben zu gut gelingt oder wenn die Dinge einfach sind, strahlt Ihr Unterbewußtsein eine Energie aus, die sagt: »Vorsicht! Vorsicht! Das ist zu einfach. Zerstören wir doch diesen Plan oder diese Beziehung und machen wir ein Problem daraus, damit wir Umstände schaffen, die im Einklang stehen mit unserem inneren Glauben, daß Leben Kampf bedeutet.« Also bricht alles zusammen, und Sie haben das Gefühl, als ob Sie versuchten, eine Erdnuß mit der Nase den Mount Everest hinaufzuschieben. Schließlich, wenn Sie die Fallstricke und Geschosse des wütenden Geschicks eine Weile erduldet haben, bekommen Sie vom inneren Selbst eine verwässerte Version dessen, was Sie – vor Wochen und ohne Anstrengung – ohnedies erhalten hätten.

Dieses Büchlein hilft Ihnen, Kampf als das zu erkennen, was er ist, seine Ursachen zu entdecken und damit *Schluß zu machen*. Doch sehen wir uns erst einmal einige der Akteure in des Kämpfers Ruhmeshalle an. Es wird Sie sicher amüsieren, auch Freunde und Bekannte darunter zu entdecken.

Männer kämpfen gern, doch auch manche Frauen. Die männliche Einstellung ist etwa die: Wenn ich mich aufplustere und herumpoltere, werden die Leute denken, ich bin ein richtiger Mann und Respekt vor mir haben. Ob dabei etwas herauskommt oder nicht, ist nicht so wichtig, Hauptsache man sieht, welche heroischen Anstrengungen ich mache. Damit jeder anerkennt, was für ein Held ich bin, mache ich ein Riesentheater mit hektischer Aktivität, irrsinnig knappen Zeitplänen, Besprechungen von welterschütternder Wichtigkeit, Überstunden und ständigem Streß. Natürlich macht mich dieses Gehabe ziemlich nervös, doch das gehört dazu, denn die anderen werden denken, ich bin so angespannt, weil ich eine ungeheure Verantwortung trage, und sie werden mich deshalb lieben und anerkennen. – Werden sie das wirklich tun?

Um die Wahrheit zu sagen, die Antwort lautet nein. Jeder mit ein bißchen Durchblick sieht, daß dieser Mann ein kompletter Idiot ist. Seine Schwäche, vor allem sein Mangel an Selbstwertgefühl, ist unübersehbar. Er hat entschieden, sich zu opfern, in der Hoffnung, Zuneigung und Anerkennung zu gewinnen. Seine wilde Aktivität unterstreicht nur, daß er außer Kontrolle geraten ist und keine Ahnung hat, was er tut.

Ein anderer bekannter Kämpfer ist der »Terrorist«. Dieser Typ – da er mit sich selbst nicht zurechtkommt – kommt mit der Gesellschaft nicht zurecht – entweder ist er schon von Geburt an benachteiligt und nie anerkannt worden, oder er hegt irgendeinen Groll. Deshalb muß er sich außerhalb der Gesellschaft betätigen, und es fällt ihm schwer, von jemandem Hilfe anzunehmen. Er kämpft sich durch Hunderte von Plänen, die jedoch nie richtig gelingen. Und selbst wenn eine Beziehung oder ein Projekt erfolgreich ist, kann er sich des Sieges nicht freuen, denn was er will, ist Anerkennung, nicht Erfolg. So wird er seine Erfolge selbst zerstören und weiterkämpfen.

Mischt sich der Terrorist einmal unter die Menge – zum Beispiel wenn er eine Stellung bei einem Unternehmen annimmt – dann wird er nur Negatives sehen, darüber spötteln und versuchen, zu verändern oder zu zerstören. Oft sind seine Handlungen für die Menschen um ihn bedrohlich, und früher oder später wird er hinausgeworfen. Da der Terrorist das System nicht benützt, sondern bekämpft, bekommt er nie, was er will. Niemand unterstützt ihn. Findet er jemanden, der ihn liebt und akzeptiert, dann ignoriert er das und konzentriert sich statt dessen auf all jene Aspekte der Negativität, die ein Teil seines Lebens sind.

Der dritte Kämpfertyp ist der berufsmäßige Schwächling. Dieser Mensch ist so schwach und seine Fähigkeit, mit dem Leben fertig zu werden, so gering, daß er sich von jedermann an der Nase herumführen läßt. Das ärgert ihn, und er versucht, seine Rechte aus einer Position heraus, die er als richtig empfindet, geltend zu machen; doch sein Kampf beruht auf einem Mangel an Energie, und das bringt ihn nirgends hin, was aber keinen kümmert. Eine Variante dieses Typs ist der »spirituelle« Schwächling. Er hat ein ungeheures Ego und meint, Gott hat ihn in die Welt gesetzt, damit er herumsitzen und sich als etwas »Besonderes« fühlen kann. Meist ist er so »heilig«, daß er es unter seiner Würde findet, sich die Hände mit Leben zu beschmutzen. Er erwartet, daß ihn die andern wie einen Gott behandeln und entsprechend verehren. Oft kämpft er wie ein Verrückter, denn es fällt den Leuten schwer, seinen Lebensstil zu akzeptieren, und sein Scheitern empfinden sie bedrohlich.

Einer der gewöhnlichen weiblichen Archteypen ist dem männlichen ähnlich. Sie inszeniert ein Spiel: »Bitte, nimm mich, wie ich bin, denn ich bin großartig. Ich bin wirklich eine Göttin und ebenso stark wie ein Mann, wenn nicht stärker.« Um das zu beweisen, trägt sie Männerkleidung, fährt schnelle Wagen, wird schrecklich aggressiv (um ihren Mangel an Selbstvertrauen wettzumachen), und auch sie schlägt um sich und spielt das gleiche Erfolgsspiel wie ihr männliches Gegenstück.

Eine Göttin zu sein bedeutet jedoch harte Arbeit, man muß ständig eine göttliche Pose einnehmen. Gewöhnlich sehen die anderen keine Göttin in einem, und so wendet man Energie auf, um sie zu überzeugen. Bei dem Versuch, es dem Mann gleichzutun, sagt sie in Wirklichkeit: »Ich weiß, daß ich schwächer bin.« Das stimmt natürlich nicht, denn die meisten Frauen sind spirituell stärker als die Männer, wenn sie sich das nur klarmachen würden.

Ein anderer weiblicher Typ spielt gern »Mauerblümchen«. Es geht so: »Ich bin nur ein hilfloses kleines Ding. Ich bin schwach und verstehe das Leben nicht. Ich kann keine Zahlen zusammenrechnen und keine Sicherung auswechseln. Meine Gefühle gehen mit mir durch. Bitte, rette mich; bitte, kümmere dich um mich. So kann ich einfach dasitzen und brauche nicht viel zu tun.«

Das funktioniert in gewissem Maß, denn früher oder später taucht der »Lebensretter«-Typ auf und hilft ihr. Der Haken ist, daß der Lebensretter, ob ein Mann oder eine Frau, das Mauerblümchen nur ein- oder zweimal rettet und sich dann absetzt, denn es bringt nichts.

Je öfters das »Mauerblümchen« sein Spiel spielt, um so schwerer fällt es ihm, irgendein Selbstwertgefühl zu empfinden. Dieser Mangel zieht früher oder später Leute an, denen es Spaß macht, es zu manipulieren. Dieser Kampf ist wie eine Spirale ohne Ende, denn um die Zuwendung zu bekommen, die sich das »Mauerblümchen« wünscht, muß es auf immer dramatischere Weise seine Hilflosigkeit demonstrieren. Am Ende kann es nur noch die Rolle des Opfers spielen.

Diesen Typ kennen Sie alle: Wenn Sie sie kennenlernen, überschüttet sie Sie mit einer Katastrophenlitanei. Es gibt nichts, was Sie für sie tun können, denn sie bittet nicht um Hilfe, sondern will nur, daß Sie mit ihr leiden. Manchmal befällt einen der Drang, ihr einen Stoß zu geben, um sie glücklich zu machen.

Was haben alle diese Typen gemeinsam? Erstens sind sie alle ziemlich dumm. Sie kehren Facetten ihres Wesens heraus, die nicht echt sind. Mit nur einer kleinen Änderung ihres Verhaltens könnten sie vom Kämpfen ins Fließen kommen. Man muß sich sehr anstrengen, um ein Kämpfer zu sein, während Fließen ein natürlicher Zustand ist, der sich einstellt, wenn man sich selbst annimmt und sein Leben beobachtet, so daß es die meiste Zeit im Gleichgewicht ist.

2
Kampf erkennen

Da Kampf eine programmierte Reaktion und für viele etwas Natürliches ist, kämpfen wir oft, ohne uns dessen bewußt zu sein. Der erste Schritt, Kampf in Ihrem Leben zu vermindern, ist, ihn zu erkennen.

Wenn Sie mein Buch *Affirmationen* gelesen haben, erinnern Sie sich vielleicht, daß ich Ihnen vorgeschlagen habe, jeden Aspekt Ihres Lebens zu betrachten und abzuschätzen, wieviel Sie aufwenden und was Sie dafür bekommen. Ich habe Sie gebeten, den »Kampf-o-Meter« einzuschalten – ein im Geist erschaffenes Gerät, mit dem Sie überprüfen können, wieviel Kampf Sie in den verschiedenen Bereichen Ihres Lebens einsetzen.

Die Hauptgebiete, die Sie betrachten sollten, sind:

1. Ihr physischer Körper
2. Ihre emotionale Ausgeglichenheit
3. Ihre Beziehungen
4 Ihre äußeren Lebensumstände
5. Ihre Finanzen
6. Ihre Einstellung zu Ihrer Umwelt
7. Ihre Fähigkeit, mit Konflikten umzugehen
8. Ihre Fähigkeit, mit Streß umzugehen
9. Ihr psychisches Befinden
10. Ihr spirituelles Gleichgewicht

1. Ihr physischer Körper

Körperliche Schwäche ist entweder ein ererbtes Problem oder eine von Ihnen erzeugte Unausgewogenheit. Ist Ihre Schwäche angeboren, dann können Sie die Einstellung »Ich Armer« in Stärke verwandeln, wenn Sie sich klarmachen, daß Ihre Schwäche etwas Positives ist. Sie erlaubt Ihnen, trotz Ihres Zustandes, Macht auszuüben. Es ist, als ob in Ihrem Boot ein oder zwei Ruderer sitzen und keine Ruder haben. Na und? Das Boot kommt auch so voran. Vielleicht ein bißchen langsamer, aber es wird das Ziel erreichen, und die zusätzliche Zeit, die es braucht, erlaubt Ihnen, die Fahrt mehr zu genießen.

Ist Ihre Schwäche nicht ererbt, dann bringen Sie es in Ordnung. Oder richten Sie wenigstens viel Energie darauf, Ihren Körper zu heilen, damit er nicht Ihr Leben beherrscht. Wenn Sie sich wirklich bemühen, Ihren Körper zu heilen, dann inspiriert Sie der dadurch entstehende Energiezuwachs dazu, weiterzumachen. Sie werden glücklicher und ausgeglichener werden.

2. Ihre emotionale Ausgeglichenheit

Aufgewühlte Emotionen sind ebenfalls eine programmierte Reaktion. Als Kind hat man uns beigebracht, lautstark zu fordern, was wir haben wollen, und manchmal nehmen wir das mit in unser späteres Leben. »Wenn ich genug Wirbel mache, liebst Du mich dann?«

Ihre Reaktion auf eine emotionale Situation beruht nur auf Ihrer Meinung, die nicht unbedingt richtig sein muß. Sie können in jeder denkbaren Situation leidenschaftslos oder anders reagieren, ganz wie Sie wünschen. Üben Sie sich darin, sich selbst gegenüber nachsichtiger und mehr losgelöst zu sein; dann werden Sie Ihr Leben als etwas Unbegrenztes sehen – nicht als etwas Begrenztes. Alles wird dann zu einer Lektion, zu etwas, das Sie stärkt.

Überprüfen Sie die Stärke Ihrer Wut. Jeder ist manchmal wütend. Wenn sie in Ihnen hochkommt, lassen Sie sie sofort los, indem Sie etwas Positives tun. Meist hilft Verständigung. Und vermeiden Sie Konflikte. Denken Sie daran – nur der Narr bleibt stehen und kämpft, der Weise geht weg. Es ist sinnlos, sich aufzuregen, wenn ein Mensch nicht auf die von Ihnen gewünschte Weise reagiert. Es ist am besten, Leute und Situationen, von denen Sie wissen, daß sie Sie verrückt machen, zu meiden. Entscheiden Sie mit Ihren Beinen. Ist eine Situation unerträglich oder nicht zu ändern, gehen Sie weg.

3. Ihre Beziehungen

Durch Beziehungen lernen wir uns selbst kennen, denn die Menschen um uns spiegeln wider, was wir sind. Deshalb sind viele Beziehungen schwierig. Wenn Ihre Beziehungen Sie dazu bringen, zu kämpfen, fragen Sie sich warum. Was könnte Ihrer Meinung nach die Ursache dafür sein, daß die Beziehung oder Sie selbst nicht so sind, wie Sie es wünschen? Wogegen kämpfen Sie an? Wie steht es auf der Ebene des Gebens und Nehmens? Lassen Sie zu, daß man Sie ausnützt, und wenn ja, sind Sie damit einverstanden oder möchten Sie das ändern?

4. Ihre äußeren Lebensumstände

Sind die Umstände, unter denen Sie leben, förderlich für Sie oder sind Sie den Umständen ausgeliefert? Wenn ja, was gedenken Sie dagegen zu tun? Worum kämpfen Sie in diesem Bereich? Müssen Sie zum Beispiel für Ihr Heim mehr Mühe aufwenden, als Sie letzten Endes davon haben?

5. Ihre Finanzen

Die Frage lautet hier nicht: »Habe ich genug Geld?« Sondern es geht darum, ob Sie ein ausgeglichener, zufriedener Mensch sind, ganz gleich, wieviel Geld Sie haben. Wenn nicht, dann kämpfen Sie vielleicht darum, einen Lebensstil zu unterhalten, den Ihr Ego zu brauchen glaubt, obwohl Sie ihn mit der Energie, über die Sie zur Zeit verfügen, nicht aufrechterhalten können.

6. Ihre Einstellung zu Ihrer Umwelt

Ihr Leben – Ihre Entwicklung – ist Ihre Sache; was andere tun, ist deren Sache. Wenn Ihr Befinden von Ihrer Umwelt abhängt, dann heißt das: »Ich treffe meine Entscheidungen nicht selbst, sondern reagiere nur wie ein Pawlowscher Hund auf äußere Reize.« Kämpfen Sie, um die Welt zu verbessern? Wenn ja, warum? Leute, die glauben, etwas verbessern zu können, befinden sich meistens auf einem Ego-Trip. Würden Sie – so wie Gott – die Welt in ihrer unendlichen Entwicklung sehen, dann würden Sie erkennen, daß sie mehr oder weniger vollkommen ist und nicht verbessert zu werden braucht. Nur wenn wir die Welt aus dem begrenzten Bereich unserer Emotionen heraus betrachten, sieht sie nicht so vollkommen aus.

7. Ihre Fähigkeit, mit Konflikten umzugehen

Ein Konflikt ist immer nur eine Meinungsverschiedenheit. Kämpfen Sie darum, andere zu überzeugen, daß Ihre Meinung richtig ist? Kann ja sein, daß Sie recht haben – na und? Einen moralischen Sieg auf Kosten Ihres Seelenfriedens erringen zu wollen, ist dumm.

8. Ihre Fähigkeit, mit Streß umzugehen

In einer überbevölkerten Welt und bei all den Verpflichtungen, die wir haben, ist Streß etwas Natürliches. Bringt Streß Sie aus der Ruhe oder reagieren Sie gelassen darauf? Verstehen Sie damit umzugehen? Manche begeisterten Kämpfer erzeugen gern Streß, das bringt Aufregung in ihr Leben. Sie sind adrenalinsüchtig. Man muß nicht durchdrehen, um seinen Spaß zu haben oder um das Leben erfrischend zu finden.

9. Ihr psychisches Befinden

Wenn Ihr psychisches Befinden qualvoll ist, dann ist das eine Folge Ihres körperlichen Zustandes oder, auch in diesem Fall, Ihrer Meinung. Wieviel von beiden trifft auf Sie zu?

10. Ihr spirituelles Gleichgewicht

Gleichgewicht ist etwas Natürliches. Immer wenn Sie etwas erzwingen müssen, bedeutet das, daß Sie aus dem Gleichgewicht geraten sind. Wie sehr sind Sie im Fließen und wieviel müssen Sie erzwingen? Der Unterschied zwischen einem spirituellen und einem weniger entwickelten Menschen besteht darin, daß der spirituelle Mensch in der Wirklichkeit ist. Er lebt in einer Wahrheit des inneren Selbst, das ich das Höhere Selbst nenne. Er spielt keine Spiele, er braucht sich nicht zu rechtfertigen. Er kann mit Überzeugung sagen: »Ich bin, wie ich bin.« Ihm ist klar, daß er weder allwissend noch vollkommen ist, und er ist damit zufrieden.

Da Menschen im allgemeinen schwach sind, neigen sie dazu, zu schwindeln und eine Rolle in einem Stück zu spielen, die nicht sie sind – die nicht der Wahrheit entspricht. Sie bemühen sich, eine Jekyll-und-Hyde-Existenz zu leben – eine, die von ihrem Ego aufrechterhalten wird, und eine, die ihr wirkliches Wesen ausdrückt. Oft sind sie innerlich so festgefahren, daß sie nicht hören, was das Höhere Selbst ihnen sagt, und so halten sie die unechte Rolle für echt und kämpfen darum, in ihr zu bleiben. Ihre Bestrebungen und ihr Lebensstil sind so zersplittert, daß ihnen alles, was sie versuchen, zustande zu bringen, schmerzhafte Mühe bereitet.

3
Des Kämpfers Hitparade

Nachstehend sind elf der häufigsten Ursachen und Aspekte des Kämpfens aufgeführt – des Kämpfers Hitparade. Trifft etwas davon auf Sie zu? Wenn ja, dann wollen wir es uns näher ansehen. Im nächsten Abschnitt werde ich Ihnen sagen, wie Sie auf wirkungsvolle Weise dagegen angehen können.

Kämpfer möchten anerkannt werden

Die meisten Kämpfer haben ein schwaches Selbstwertgefühl. Deshalb streben sie ständig danach, von anderen angenommen und anerkannt zu werden. Doch sie finden die Bestätigung, die sie suchen, nur selten, und wenn sie sie bekommen, ist sie meist unbefriedigend. Das erzeugt Frustration. Infolge ihrer mangelnden Identität – sie wissen und akzeptieren nicht, wer sie sind – richten sie ihre Aufmerksamkeit nicht auf das Wirkliche (in ihrem Innern), sondern auf die Sinnbilder des Lebens, die nicht wirklich (außerhalb von ihnen) sind. Sie sehen in den *Dingen* um sie herum eine Bestätigung dafür, daß sie in Ordnung sind, statt sich zu bestätigen, wer sie im Innern sind.

Deshalb ist das Leben für sie ein Kampf, mit dem sie einen Status aufrechterhalten, der nur Schein ist. Und kein Spielzeug und kein Schmuckstück macht diese Kämpfer glücklich, denn die Dinge, die sie erwerben, erfüllen sie nur kurze Zeit mit emotionaler Befriedigung. Wenn der Kämpfer sich etwa eine Yacht kauft, kann er sagen: »Bitte akzeptiere mich, weil ich diese Yacht besitze.« Eine Zeitlang findet er die Rolle eines Yachtbesitzers aufregend. Doch bald läßt die Freude nach, und er muß sich etwas anderes suchen, das sein Bedürfnis, akzeptiert zu werden, stillt.

Wenn das Leben einmal nicht so verläuft, wie es sich der Kämpfer wünscht, ist er wütend und enttäuscht, weil er von den bestätigenden Symbolen getrennt ist. Er fühlt sich nicht nur wertlos, sondern bekommt auch nicht die Bestätigung, die er ständig sucht.

Kämpfer haben oft ein großes Ego

Kämpfer haben meist ein großes Ego, weil sie sich von ihrem Ego eine höhere Meinung über sich einreden lassen, die sie nicht aufrechterhalten können. Sie muß übertrieben sein, weil sie so, wie sie sind, in sich keinen Wert sehen. Um das auszugleichen, übertreiben sie das Leben in der Hoffnung, daß sich doch irgend etwas einmal daraus ergeben wird.

Wir sind göttlicher Geist in einem Körper, und wir sind ein begrenztes Ego. Der göttliche Geist oder das Höhere Selbst weiß die Richtung, in die es geht, und besitzt die stärkste Macht – die innere Macht. Das Ego besitzt die äußere Macht. Wenn Ihr Ego in die gleiche Richtung geht wie das Höhere Selbst, fließt alles. Doch wenn das Ego in eine andere Richtung geht, entsteht Kampf. Denken Sie daran, Spiritualität ist Wirklichkeit, Leben in Wahrheit. Das Ego mit seiner Meinung lebt in Abweichung von der Wahrheit.

Kämpfer halten Kampf für etwas Edles

Um zu rechtfertigen, daß ihr Leben außer Kontrolle ist, bilden Kämpfer sich gern ein, daß Kampf etwas Edles ist – daß es Gott gefällt, wenn sie kämpfen. Wenn Sie Gott wären, würden Sie sich darüber kaputtlachen.

Kämpfer setzen sich unrealistische Ziele

Das Ego entscheidet, was es braucht, um glücklich zu sein, und es entscheidet, wie schnell es die entsprechenden Umstände herbeiwünscht. Oft setzt sich der Kämpfer unrealistische Ziele. Er trifft eine Entscheidung auf seinem Niveau und sagt sich etwa: »In sechs Monaten will ich das haben.« Doch er hat auf metaphysischer Ebene noch nicht die nötige Energie, und so stimmt das, was er für möglich hält, nicht mit dem tatsächlich Möglichen überein. Meist wird der Kämpfer ungeduldig und rackert sich ab wie verrückt, um ein Ziel bis zu einem bestimmten Termin zu erreichen. Wenn er so auf das Ziel losstürmt, erzeugt er um sich einen metaphysischen Strudel, ähnlich dem Strudel, den ein Schiff nach sich zieht. Gegen den Strudel ist schwer anzukommen, und so fehlt das Fließen. Der Sog erzeugt eine Energie, die das Höhere Selbst nicht durchdringen kann.

Er steuert zum Beispiel nach Norden, und das Höhere Selbst flüstert: »Nach Süden, nach Süden«, doch der Kämpfer hört es nicht. Der Kämpfer sieht nur das Ziel, nicht den Weg. Er ist gefangen in seiner Meinung, wie das Ziel zu erreichen ist. Andere Möglichkeiten gibt es für ihn nicht. So entzieht sich ihm das Leben, und er befindet sich in einem öden Landstrich. Der Kämpfer ist gezwungen, die Richtung, die er eingeschlagen hat, beizubehalten. In seinem hektischen Bemühen, sein Ziel zu erreichen, übersieht er oft die Abzweigungen, die Vereinfachung und Abkürzung anbieten. So ein Mensch pflügt durch, ohne Rücksicht auf Schmerzen und Qualen und ohne darauf zu achten, ob seine Handlungen richtig oder wirkungsvoll sind.

Dem Kämpfer mangelt es an Verständnis

Kämpfer haben kein Verständnis. Manchmal ist es auch nur ein Mangel an Durchblick, was die materielle Ebene und die Gesetze des Marktes angeht. Gewöhnlich ist der Kämpfer aus der Gesellschaft ausgestiegen und läßt sich treiben, denn er ist nicht wirklich vorbereitet, sich auf das Leben zu konzentrieren und die Gesetze der Welt zu lernen. Gewöhnlich kann er auch nicht abgelenkt werden: Kämpfen ist einfacher. Es ist typisch für diesen Typ, daß er der Meinung ist, die anderen müßten ihn erhalten, und wenn die Umstände nicht mit seiner Einstellung übereinstimmen, regt er sich auf.

Es mangelt ihm auch an metaphysischem Wissen. Er sieht nicht, wie die Universellen Gesetze sein Leben beeinflussen, und so, statt Energie zu erzeugen und alles nach und nach zur rechten Zeit geschehen zu lassen, rennt er dem Leben nach und vertreibt es durch seine Ansprüche und Emotionen.

Kämpfer kümmert es, was andere denken

Kämpfer sind oft gesellschaftliche Primitivlinge. Sie halten die Meinungen anderer für richtig. Das zwingt sie, die oft unrealistischen Erwartungen anderer zu erfüllen. Weil sie sich ihrer selbst nicht sicher sind, kümmern sie sich darum, was andere über sie denken.

Um diese Fälle zu umgehen, brauchen Sie sich nur klarzumachen, daß Ihre Entwicklung während Ihres Lebens eine unantastbare Sache ist. Sie sind der einzige, der entscheiden kann, was das Beste für Sie ist, und nur Sie wissen die Antworten. Was die Gesellschaft über Sie denkt, ist völlig belanglos, denn die anderen wissen nicht alle Fakten. Denken Sie daran, die Leute werden immer versuchen, Sie gemäß ihrer Denkweise zu manipulieren. Sie wollen, daß Sie so handeln, daß Sie ihnen nützen. Sobald es Ihnen nicht mehr wichtig ist, von ihnen anerkannt zu werden (weil Sie sich selbst akzeptieren), werden ihre Versuche, Sie zu manipulieren, bedeutungslos.

Sie sind wie kleine Kinder, die man wegen ihrer Spiele lieben kann, aber man muß nicht daran teilnehmen. Man kann weggehen. Schließlich ist der einzig richtige Weg für Sie der der Unabhängigkeit. Es ist nur Gewohnheitssache und die Art und Weise, wie Sie lernen, zu reagieren. Loslösen macht Sie frei.

Kämpfer sind nicht stabil

Stabilität ist der Schlüssel für ein sorgenfreies Leben. Das bedeutet Ausgewogenheit in allen Bereichen Ihres Daseins. Mit diesem Thema beschäftige ich mich ausführlich in meinem Buch *Die Kraft ohne Grenze*, doch ich möchte hier das Wesentliche zusammenfassen:

Um ausgeglichen und stabil zu sein, müssen Sie Kontrolle über all Ihre Lebensbereiche haben. Vielleicht ist das jetzt noch nicht möglich, doch Sie können nach und nach völlige Selbstverwirklichung erlangen. Das bedeutet, daß Sie sich vom Leben nicht mehr herumzerren lassen. Sie werden die Fähigkeit entwickeln, zu Angeboten, die Ihren Absichten nicht entsprechen, »Nein« zu sagen. Sie sind der General Ihrer Armee und können Entscheidungen treffen, die Sie der höheren Energie, die Sie suchen, immer näherbringen.

Sie haben auch das Recht, mit dem, was Sie im Moment haben und was Sie sind, zufrieden zu sein. Wenn Sie das nicht sind, werden Sie nie einen Punkt erreichen, wo Sie immer zufrieden sind. Sie müssen mit Ihrem Los jetzt im Augenblick glücklich sein. Auch wenn Ihr Ego Ihnen ein anderes Programm aufgeschwatzt haben sollte, heißt das nicht, daß Sie sich in Ihrem jetzigen nicht wohlfühlen sollten. Sie müsen nur hier und jetzt ein paar Lektionen lernen. Wenn Sie sie nicht lernen, wenn Sie nicht akzeptieren, was Sie sich selbst geschaffen haben, bewegt sich Ihre Energie nicht voran.

Wenn Sie Widerstand leisen, wenn Sie sich Veränderungen nicht anpassen, treten Sie auf der Stelle. Manche überzeugten Kämpfer rennen gern mit dem Kopf gegen die

Wand, weil sie sich so gut fühlen, wenn sie damit aufhören.

Der heutige Tag ist ein Teil des Lehrplans Ihres Lebens. Lernen Sie das, und der morgige Tag wird selbst für sich sorgen. Denken Sie daran: Wenn Sie es mit dem, was Sie bis jetzt wußten, geschafft haben, dann ist sicher, daß Sie es mit größerem Wissen und mehr Objektivität schaffen, auch durch Ihr restliches Leben zu kommen. Das ist die Wahrheit.

Kämpfer sind oft unkonzentriert

Konzentration ist das Wichtigste für Ihr persönliches Wachstum und Ihre Entwicklung. Alles andere ist bedeutungslos. Denn Ihre Kraft ruht dort, wohin Ihr Bewußtsein fließt. Wenn Sie sich auf das, was Sie tun, voll konzentrieren, bringt Ihr Handeln nicht nur mehr Gewinn, sondern alle Ihre innere und äußere Kraft verstärkt Ihr Tun.

Der Verstand haßt es, sich zu konzentrieren, und die meisten Menschen können ihre Aufmerksamkeit nicht länger als eine Minute auf eine Idee richten. Wenn Sie also die gebündelte Kraft Ihres Vorhabens in eine Richtung lenken, dann verstärken Sie diese Richtung mit Ihrer Energie. Werden Sie nach fünfzehn Sekunden durch einen Gedanken abgelenkt – etwa »Hab' ich das Bügeleisen abgeschaltet?« – , dann schwindet Ihre Kraft.

Wenn Sie sich ein Ziel setzen, sich ein paar Sekunden darauf konzentrieren, dann abgelenkt werden und auf diese Weise Ihre Konzentration mit unterschiedlicher Stärke auf verschiedene Dinge richten, dann geben Sie dem Gesetz des Universums eine so unschlüssige, konfuse Botschaft, daß es nicht weiß, was – zum Teufel – Sie wollen.

Erfolgreiche Menschen machen einen vernünftigen Plan und konzentrieren sich darauf, bis er durchgeführt ist. Dann planen sie weiter. Wenn Sie etwas vorhaben, richten Sie Ihre volle Aufmerksamkeit darauf, verstärken Sie dies mit der Kraft Ihres Bewußtseins, bis es verwirklicht ist.

Achten Sie darauf, was Ihr Verstand für Spiele mit Ihnen treibt. Oft starten wir etwas, und mittendrin, nach

15 Minuten, sagt der Verstand: »Ich mag mich nicht konzentrieren. Trinken wir lieber eine Tasse Kaffee«, und so wird der Plan beiseite geschoben. Oder das Telefon klingelt. Der Anrufer hat keine Ahnung, was Sie gerade tun. Er oder sie hat etwas vor und das Bedürfnis, mit Ihnen darüber zu sprechen. Wir erlauben unserem Verstand, uns von dem Arnuf ablenken zu lassen, statt zu dem Anrufer zu sagen: »Danke für den Anruf, aber ich kann jetzt nicht mit dir reden – ruf Weihnachten wieder an.«

Durch Konzentration werden Sie kraftvoll. Zwingen Sie sich zur Konzentration, und Sie haben eine Schlacht gegen den »Kampf« gewonnen.

Kämpfer haben ihren Lebensstil schlecht geplant

Sie sind der General. Entwerfen Sie Ihren Schlachtplan und halten Sie sich daran, aber lassen Sie sich von den Winden und Strömungen des Lebens auch in andere Bereiche treiben. Einen Lebensplan zu entwerfen, ist eine Sache der Disziplin. Sie brauchen bestimmte Dinge, und sie stehen Ihnen zu. Aber wie können Sie diese mit möglichst wenig Anstrengung bekommen? Indem Sie auf überflüssige Dinge verzichten. Werfen Sie unnötiges Gepäck ab und führen Sie ein einfaches Leben. Überlegen Sie immer wieder, ob gewisse Dinge die Mühe wert sind. Oft werden Sie zu dem Schluß kommen, daß sie es nicht sind.

Kämpfer sind unordentlich

Um Kampf zu vermeiden, brauchen Sie Ordnung. Sonst verschwenden Sie Energie und vergeuden Zeit für ein Durcheinander.

Kämpfern fehlt gezieltes Vorgehen im täglichen Leben

Sie sind Bewußtsein, Geist, aber auch ein körperliches Wesen. Es kommt ein Zeitpunkt, wo Sie Ihre Kreativität an den Mann bringen und verkaufen müssen. Das verlangt gezielten Einsatz Ihrer Fähigkeiten. Kämpfern liegt das nicht. Doch nur so bekommen Sie, was Sie wollen.

4
Aufhören mit dem Kämpfen

Es gibt kein größeres Geschenk für Sie und Ihre Mitmenschen, als wenn Sie beschließen, mit dem Kämpfen aufzuhören, denn Kämpfen ist ein unseliger Streit mit sich selbst. Es ist unnatürlich. Hier acht Tips, an die Sie denken sollten, wenn Sie sich weg von Mühsal und Kampf zu voller Freiheit bringen wollen.

Meinung

Was für den einen Menschen Kampf ist, ist für einen anderen nur eine leichte Anstrengung. Es hängt von Ihrem Empfinden ab – von Ihrer Meinung. Es ist mit negativen Emotionen verbunden. Wenn Sie zu kämpfen aufhören wollen, sollten Sie es sich zur Gewohnheit machen, sich in jeder Situation zu fragen: »Welches Gefühl oder welche Meinung habe ich hier?«

Vielleicht erfordert die Situation gar keinen Kampf, und Sie brauchen nur Ihre Betrachtungsweise ein wenig zu verändern. Meistens ist das leicht und einfach.

Der zeitliche Aspekt

Wenn es nicht »fließt«, fragen Sie sich: »Bin ich zu schnell? Oder zu langsam? Ist dies der richtige Moment?« Eine großartige Idee kann zu einer völligen Pleite werden, wenn sie zur falschen Zeit verwirklicht werden soll. Das meiste braucht länger, als wir erwartet haben, denn wir denken schneller, als wir handeln können. Ideen brauchen Zeit zum Reifen, besonders dann, wenn Ihnen andere bei der Verwirklichung Ihrer Träume helfen sollen. Sie brauchen Zeit, um sich mit Ihrer Idee vertraut zu machen, sie zu Ihrer eigenen zu machen und sich mit Ihren Überlegungen und Meinungen auseinanderzusetzen.

Manchmal kann es sein, daß Sie zu langsam sind. Das kann an mangelnder Entschlußkraft, Faulheit oder an Unsicherheit liegen. Wenn Sie etwas vom Leben wollen, müssen Sie ihm offen gegenübertreten, nach einem guten Plan vorgehen und auf die Hilfe der Vorschung vertrauen. Gehen Sie auf Ihr Ziel zu, auch wenn es weit weg zu sein scheint. Niemand wird Sie tragen. Im allgemeinen müssen Sie sich schon selbst bewegen.

Streben Sie Ihr Ziel mit Schwung an und freuen Sie sich an der Reise dorthin. Und achten Sie stets darauf, ob Ihr Vorhaben in Einklang mit der Energie ist, die Sie brauchen, um sich Ihren Wunsch zu erfüllen.

Ihre Helfer

Zur Zeit leben auf der Erde annähernd fünf Milliarden Menschen. Sie müssen sie einladen, Ihrer Armee von Helfern beizutreten. Die meisten werden untauglich sein, und viele andere befinden sich auf ihrem eigenen Feldzug.

Aber einige sind sehr brauchbar. Um mit Kämpfen Schluß zu machen, müssen Sie erstens imstande sein, die Hilfe anderer anzunehmen, und zweitens Ihre Helfer sorgsam auswählen. Haben Sie bereits einen festen Helferstab, dann müssen Sie wie ein geschickter General den Umständen, den Zielen und dem Budget entsprechend aus Ihren Leuten das Beste herausholen.

Mit Sicherheit werden Sie sich von den meisten Menschen, die in Ihr Leben treten, wieder trennen müssen. Wir denken, daß die Menschen, die wir um uns haben, die einzig Richtigen für uns sind. Das stimmt nicht.

Ich dachte als Kind immer, ich würde keine Freunde haben, wenn ich nicht mit den Kindern aus der Nachbarschaft auskäme, und so paßte ich mich ihnen an und tat, was sie, wie ich glaubte, von mir erwarteten. In Wirklichkeit gibt es auf der Welt Milliarden von Kindern, doch mit meinem beschränkten Gesichtskreis als kleiner Junge konnte ich das nicht sehen.

Haben Sie nie Angst, jemanden gehen zu lassen, wenn er oder sie nicht richtig für Sie ist; oft können Sie nur so Platz für den Richtigen schaffen. Außerdem erweisen Sie dem andern einen guten Dienst. Denn wenn es sich um einen eckigen Klotz in einem runden Loch handelt, dann braucht er Ihre Hilfe, um weiterziehen zu können und sich etwas Passenderes zu suchen.

Marschiert die Armee ohne Stiefel?

Um einen Schlachtplan erfolgreich durchzuführen, müssen Sie sich um Grundsätzliches kümmern. Haben Sie das nötige Kleingeld, die Ausrüstung, die Sie brauchen? Oder wollen Sie auf eine glorreiche Katastrophe zusteuern? Vergessen Sie nicht: Eine gute Idee zu haben ist wirklich kein Grund, sie gleich in die Tat umzusetzen. Nur weil Sie jemanden lieben, brauchen Sie nicht zu heiraten.

Angenommen, Sie wollen ein Geschäft eröffnen. Haben Sie das nötige Kapital? Verstehen Sie etwas von der Geschäftsführung? Gibt es Abnehmer für Ihre Ware? Es ist erstaunlich, wie viele Leute einen Betrieb eröffnen, ohne sich darum zu kümmern, ob wirklich eine Nachfrage besteht. Sie meinen, weil sie rosa Hemden mit kleinen Punkten so mögen, ginge es allen anderen Leuten in der Stadt auch so. Irrtum!

Ein guter General setzt seine Truppen nicht ein, bevor er weiß, worauf er sich einläßt. Wenn Sie zum Beispiel in den Vereinigten Staaten eine neue Zeitschrift herausgeben wollen, kostet das etwa eine halbe Million Dollar, und es wird ungefähr fünf Jahre dauern, bis sich ein finanzieller Erfolg einstellt. Die meisten neuen Zeitschriften gehen wieder ein, weil ihre Herausgeber das einfach nicht wissen.

Fragen Sie sich, bevor Sie etwas anfangen: »Habe ich die nötigen Mittel, um die Sache aufzuziehen, und weiß ich, worauf ich mich einlasse?«

Versuche ich eine Burg zu erobern, die ich gar nicht brauche oder will?

Aus welchem Motiv heraus handeln Sie? Wie groß ist Ihr Engagement, und wollen Sie das Endergebnis wirklich oder sind Sie auf etwas anderes aus? Zum Beispiel, verabreden Sie sich mit jemandem, den Sie wirklich lieben, um ihm nahe sein zu können? Ist es die Mühe wert oder gibt es einen einfacheren Weg?

Bei den Fünf-Tage-Intensiv-Kursen, die wir in Taos, New Mexico, durchführen, gibt es eine Übung »Quickening«. Sie lernen dabei, Ihre Äther-Energie zu beschleunigen und jeden Plan daraufhin zu beurteilen: Wie schnell ergeben sich Resultate, und mit welcher Geschwindigkeit werden sie verwirklicht?

Vergeudung von Energie führt zu Armut und Kampf. Man bleibt in seiner eigenen Unfähigkeit stecken, und das Leben wird schließlich eine Bestätigung von Hilflosigkeit.

Denken Sie daran, daß die meisten Wege, die sich anbieten, für Sie völlig ungeeignet sind. Denken Sie sich jedesmal fünf gute Gründe aus, nein zu sagen. Und beim Eingehen einer Beziehung oder eines Plans schauen Sie, wo der Ausgang ist.

Leiste ich Widerstand?

Um mit Kämpfen Schluß zu machen, müssen Sie feste Meinungen aufgeben. Das heißt, Sie müssen für Veränderungen offen sein. Schauen Sie, wie viele Wege es für Sie gibt und an wie viele Möglichkeiten Sie vielleicht nicht gedacht haben. Vor kurzem besuchte mich eine junge Geschäftsfrau. Beim Mittagessen erklärte sie mir eine geschäftliche Transaktion, die sie vorhatte. Sie schob die Salz- und Pfefferstreuer auf dem Tischtuch hin und her und zeigte mir, wie die Sache ihr 100 000 Dollar Gewinn bringen würde. Dann fragte sie mich, wie ich darüber dachte.

Während wir sprachen, brachte der Kellner eine Fingerschale mit Wasser zu unserem Tisch und plazierte sie kühn zwischen Salz- und Pfefferstreuer. Plötzlich wurde mir klar, daß es wesentlich besser wäre, die Sache in zwei Teile aufzuteilen. Ich fragte sie, ob das möglich wäre. »Ja«, sagte sie. Als wir das Ganze näher untersuchten, kamen wir darauf, daß ihr die Sache, wenn man sie aufteilte, einen Gewinn von 480 000 Dollar einbringen würde. Sie zog mit ihrem Schlachtplan ab. Mich erinnert die Geschichte daran, daß es immer mehr als nur eine Möglichkeit gibt, einem Hasen das Fell abzuziehen. Schauen Sie sich Ihre Möglichkeiten an, und dann spielen Sie den Advocatus Diaboli, und suchen Sie nach allen Aspekten, die Ihnen entgangen sein könnten.

Wenn Sie das Gefühl haben, nicht voranzukommen, fragen Sie sich: »Wogegen leiste ich Widerstand? Habe ich etwas übersehen, das mich beunruhigt?«

Bin ich mit den Umständen zufrieden?

Es erstaunt mich immer wieder, wie Leute sich mit schwierigen Umständen abfinden und sie tatsächlich mögen. Wenn Ihnen die Zustände nicht passen, dann ändern Sie sie.

Bin ich Herr der Lage?

Wie weit üben Sie Kontrolle aus? Rennen Sie wie verrückt herum? Haben Sie anderen die Kontrolle überlassen? Wenn ja, warum? Weil Sie sich kraftlos fühlten oder vielleicht, weil es Ihnen ganz recht war, jemand anderem das Steuer zu überlassen? Warum?

Wenn Sie Kontrolle ausüben, dann führen Sie das Kommando und tragen Sie die Verantwortung. Doch Sie sind auch imstande, die Umstände so zu ändern, daß sie Ihnen passen und Sie nicht von den Launen anderer abhängig sind.

Denken Sie daran: Es ist in Ordnung, daß Sie vom Leben erhalten, was Sie sich wünschen.

5
Zum Abschluß

Unser Dasein auf der irdischen Ebene legt uns ein gewisses Maß an Beschränkungen auf. Das ist eine der Lektionen, die Sie lernen müssen. Sobald Sie sie gelernt haben, können Sie aus diesen Beschränkungen in völlige Freiheit übergehen. Denn unser geistiges Erbe ist es, unabhängig und frei zu sein.

Anstrengung ist ein Teil unseres Daseins als menschliche Wesen, denn wir müssen Gedanken und Gefühle in körperliche Tätigkeit umsetzen. Kampf jedoch ist nicht natürlich, sondern eine unselige Schlacht gegen sich selbst. Da er jedoch eine Folge unserer persönlichen Unausgewogenheit ist, können wir ihn leichter hinter uns lassen.

Indem Sie den Mut haben, die Ursachen von Kampf in Ihrem Leben herauszufinden und dagegen anzugehen, gewinnen Sie die Kraft, über ihn hinauszugehen. Sobald Sie erkennen, daß Sie selbst die Ursache des Kampfes sind, können Sie gewiß sein, daß es Ihnen gelingen wird, ihn aus Ihrem Leben zu verbannen.

Da Kampf eine programmierte Reaktion ist – was bedeutet, daß jedem von früher Kindheit an beigebracht wurde zu kämpfen –, braucht es seine Zeit für die Einstellung auf ein sorgloseres Leben. Doch es macht Spaß zu beobachten, wie Sie allmählich die verschiedenen Formen von Leid aufgeben und zu einer glückvollen Annahme Ihrer selbst und Ihrer Umwelt gelangen.

Freiheit ist ein großes Geschenk. Um sie zu erhalten, brauchen Sie weder Mengen von Geld noch Macht oder Einfluß. Alles, was Sie brauchen, ist die Fähigkeit, eine aggressive Haltung aufzugeben. Zuerst gegenüber sich selbst und dann gegenüber Ihrer Umwelt. Ihre kämpferische Einstellung beginnt dann im Licht Ihrer Ausgeglichenheit und positiven Haltung zu schmelzen. Die Frische, die neue Energie in Ihr Leben bringt, gibt Ihren Emotionen eine tiefe innere Ruhe. Diese innere Ruhe erlaubt es Ihnen, mehr und mehr positive Gegebenheiten anzuziehen, denn Energie sucht ihresgleichen. Ausgeglichenheit und Glück kommen nur zu einem Menschen, der sich so fühlt, nämlich ausgeglichen und glücklich. Werfen Sie von diesem Zeitpunkt an jeden Tag einen schwierigen Aspekt aus Ihrem Leben. Machen Sie sich Notizen über Ihre Fortschritte. Sehen Sie sich unaufhaltsam Ihrem Endziel entgegengehen: vollkommene Freiheit, größtes Glück, wundervolle Ruhe.

Wenn Sie diesen Zustand erreicht haben, dann unterweisen Sie andere – sagen Sie ihnen, daß das Leben nie als Kampf gedacht war.

Sie werden Ihnen dankbar sein, denn Sie haben ihnen den Weg zur Freiheit gezeigt.

Der Autor

Stuart Wilde, 1946 als Sohn eines britischen Diplomaten und einer sizilianischen Mutter geboren, wuchs in verschiedenen Kulturen auf. Nach seiner psychologischen Ausbildung an einem Londoner College studierte er auf ausgedehnten Reisen esoterische Traditionen in Ost und West. Heute gibt er weiter, was er in Jahren des Suchens und Lernens empfangen hat. Neben seinen Büchern, Kassetten und Seminaren haben ihn vor allem seine Radio- und Fernsehauftritte in England, Australien und den USA bekannt gemacht. Spontan und mit einem tiefen Humor präsentiert er esoterisches Wissen so, daß es von jedem verstanden und angewandt werden kann.

Stuart Wilde lebt heute mit seiner Familie in Australien.

Stuart Wilde
Wie kriege ich einen klaren Kopf?
Abschied vom Frust
80 Seiten, Festeinband

Oft entsprechen die eigenen Erwartungen und Meinungen nicht dem Leben, wie es uns begegnet. Es widerspricht diesen Meinungen und erzeugt dadurch negative Gefühle und Schmerz. Wilde macht dem Leser diesen Zusammenhang klar und zeigt ihm einen Weg, wie er sich durch Abstreifen geistiger und seelischer Lasten von 95 % seiner psychischen Leiden befreien kann und dadurch mehr Wohlbefinden, Freude und persönliche Freiheit erlangt.

Thomas Cleary
Vier Wege zum Erfolg
Eine praktische fernöstliche Lebenshilfe
112 Seiten, Festeinband

Dieser Kurs zur effizienten Umsetzung geistigen Potentials stützt sich auf vier bedeutende, praktisch-philosophische Traditionen des alten Orients: den Konfuzianismus, den Taoismus, das I Ging und die »Unterweisung in die Kunst des Krieges«. Nach einer allgemeinen Einführung in diese Denkweisen werden Auszüge aus wichtigen traditionellen Lehrbüchern übersetzt und für ein modernes Publikum interpretiert.
Ein unentbehrlicher Ratgeber zum Erkennen, Organisieren und Entwickeln der geistigen Fähigkeiten.